Gabriel Hanotaux

La Genèse des idées politiques de Richelieu

Politique

ISBN : 978-1724811592

10 9 8 7 6 5 4 3 2 1

Gabriel Hanotaux

La Genèse des idées politiques de Richelieu

Politique

Table de Matières

I. — LA RUSE DE LUYNES

La série des événements considérables accumulés pendant les huit mois qui s'écoulent depuis la bataille des Ponts-de-Cé (août 1620) jusqu'à l'ouverture des hostilités contre les protestants (avril 1621), était suivie avec une attention passionnée par l'évêque de Luçon. Les affaires d'Allemagne, los événements de la Valteline, les incidents du Midi, c'était, pour lui, matière à de profondes réflexions. Il voyait le lien de ces grandes affaires entre elles ; il embrassait, d'un coup d'œil, le vaste champ de bataille qu'était alors l'Europe. Il tournait, vers ces faits considérables, l'inutile impatience de son génie politique et le travail de ses propres ambitions. Il prenait la mesure de son rival.

Battu aux Ponts-de-Cé, il avait pu, par une habileté suprême, sauver la situation de la Reine-Mère. Lu y nés était obligé de le ménager. Il sentait bien, cependant, que si l'on avait traité avec lui, c'était parce qu'on n'avait pas osé l'abattre.

Mais combien de temps cela durera-t-il ? Sa force est dans la faiblesse de ses adversaires. Si, un jour, ils prennent le dessus, ils en auront vite fini avec sa fragile et redoutable opposition. L'exemple du maréchal d'Ancre prouve que ces gens ne sont pas de ceux qui reculent devant un coup de main. Aussi, l'évêque de Luçon suit, avec une anxiété silencieuse, la marche, trop lente à son gré, des événements qui se précipitent pourtant. Au début, il avait cru prudent de ne pas se refuser à un rapprochement et il avait consenti à unir sa fortune à celle du favori : « Les réconciliations sont entières, écrivait-il quelques jours après le traité ; je crois que, comme la raison les a faites, elle les maintiendra. » Un an plus tard, revenant sur ce passé, il écrivait encore : « Les deux premiers mois, nous avons vécu en espérance d'un accommodement parfait, c'est-à-dire d'une confiance réciproque et assurance que chacun ne voudrait pas faire du mal à son compagnon. »

L'intérêt du favori était d'opposer ses adversaires les uns aux autres et de n'en pousser aucun à bout, d'entretenir, dans la Cour, le calme par l'espérance et, par les espérances rivales, le désaccord. Promettre était, pour lui, tout l'art du gouvernement. Il s'était donc répandu en protestations solennelles sur son désir de faire vivre la mère en bonne harmonie avec le fils et, selon le mot de Richelieu, il en avait eu « de diverses envies ; » il mettait, dans ce jeu, une certaine bonne foi, les faibles étant habiles à se faire des sincérités successives avec leur mobilité même. Luynes avait offert son amitié à l'évêque de Luçon ; il avait serré les nœuds d'une union plus intime et plus durable par un mariage entre les deux familles ; enfin, il avait pris un engagement formel au sujet du chapeau : « Dès le lendemain de l'entrevue de Brissac, le Roi dépêcha un courrier à Rome qui portait ordre à notre ambassadeur de déclarer au Pape que Sa Majesté nommait Monsieur de Luçon au Cardinalat et d'en poursuivre le plus tôt qu'il se pourvoit la solution. » Nous avons les lettres du Roi au marquis de Cœuvres, son ambassadeur, au cardinal secrétaire d'Etat et au Pape lui-même. Pour donner une preuve de la sincérité de son désir, le Roi confiait à un ami particulier de Richelieu, l'abbé de la Cochère, le mandat officiel d'aller, à Rome, hâter la promotion qui devait assurer à la France deux chapeaux, l'un pour l'archevêque de Toulouse et l'autre pour l'évêque de Luçon.

Luynes était aux petits soins pour dissiper la méfiance. Sa correspondance ne tarit pas : « Vous devez être assuré par les dernières paroles que je vous ai tenues, et que mes promesses vous devront être comme titres très assurés, Je ne vous les ferai plus longues, puisque les paroles ne sont rien en ce siècle, je me résumerai aux effets. »

L'évêque de Luçon laissait aller les choses sans faire un mouvement ; car, pour lui, la promotion au Cardinalat eût été un succès tel qu'il retenait son souffle pour ne pas troubler l'œuvre à laquelle son rival s'employait avec un zèle si démonstratif.

Il avait décidé la Reine-Mère à accompagner le Roi jusqu'à Poitiers, autant pour donner, de son côté, une preuve de zèle et de confiance que pour surveiller de plus près l'exécution des promesses du favori. Ainsi, il avait pu suivre les Conseils où avait été décidé le voyage de Béarn. Il désapprouvait, au fond, la décision prise. Mais il se taisait. La Reine-Mère, toujours mécontente, avait fini par laisser là la Cour et par s'en retourner à Paris.

Le nonce du Pape était accouru, de Paris à Poitiers, pour prendre part, de son côté, à ces graves délibérations. Or, Luynes et Puisieux, au moment où ils allaient accompagner le Roi dans son voyage du Midi avaient profité de la présence du nonce, pour avoir avec lui, dans le plus grand secret, au sujet de l'évêque de Luçon une bien curieuse conversation : « Le Roi a désigné Luçon pour le chapeau de cardinal, avaient-ils dit. La Reine-Mère est tellement engouée de cette idée, qu'on n'a pu lui opposer un refus. Mais, de vous à nous, il faut qu'il soit bien entendu que cette proposition n'est que pour la forme. Notre ambassadeur lui-même ignore et ignorera notre véritable pensée. Nous le laissons l'aire des démarches, c'est entendu. Mais vous, vous savez la vérité et vous pouvez l'écrire à Rome. Le Roi entend empêcher, à tout prix, cette nomination. D'ailleurs, il envoie là-bas un émissaire secret, Chazan, avec des lettres de sa main pour qu'on n'ait aucun doute sur ses intentions… Vraiment, cet évêque est fou ! C'est lui qui a mis le royaume sens dessus dessous ; il est la cause de tout le mal. De son exil d'Avignon, il fomentait cette terrible révolte dont nous avons eu tant de peine à venir à bout, et ce serait lui qui recueillerait maintenant tout le bénéfice !… Et quelle ingratitude ! avait ajouté Luynes qui ne se contenait plus, l'ai tout fait pour lui. Je l'ai sauvé au moment de la mort du maréchal d'Ancre ; je l'ai maintenu près de la Reine-Mère ; et il reste, malgré tout, mon plus furieux ennemi ! On va le mettre en observation : si, vraiment, il s'est corrigé, nous verrons ; il sera toujours temps de le faire cardinal. Mais pour le moment, qu'il attende ! tout cela, bien entendu, entre nous et dans le plus grand secret ; le Roi en a assez de récompenser toujours les plus brouillons parmi ses sujets. »

Le nonce ne témoigna nulle surprise. Détestant lui-même Richelieu, il entre, avec joie, dans les vues de Luynes, et il en écrit de bonne encre à la cour pontificale : ce sont ses lettres qui nous renseignent.

Avant de quitter Poitiers, la Reine-Mère demande au nonce de venir lavoir ; elle l'accable de protestations et le supplie de faire tout le possible pour obtenir une solution prompte en faveur de son cher évêque. Bentivoglio va, tranquillement, répéter ces propos au ministre Puisieux, qui lève les épaules et sourit. Six semaines après, à Paris, Bentivoglio reçoit la visite de l'évêque de Luçon qui vient protester de son dévouement au Saint-Siège. Le nonce est l'instrument joyeux de la fourberie de Luynes. Il se moque agréablement du solliciteur : « C'est une proposition extravagante, écrit-il à Rome. Il faut que la Reine soit hors de sens. Quant à cet évêque, c'est le plus effréné des ambitieux. Dieu le mortifiera. Quel déboire, quand il se verra exclu ! »

Plus la Reine insiste, plus le nonce s'amuse. L'ambassadeur de France à Rome a vent de quelque chose. Il craint qu'on ne lui fasse jouer un rôle ridicule. Il envoie, en France, un de ses secrétaires, nommé Mesmin, pour débrouiller l'intrigue. Mais les trois compères rient sous cape et le laissent marcher, tandis que Rome est avertie.

Rome hésite. Elle connaît la valeur de l'évêque de Luçon et craint, peut-être, en trempant dans une pareille intrigue, de se faire, un irréconciliable ennemi. Cependant, au fur et à mesure que Luynes, s'avançant vers le Béarn avec le Roi, voit le succès s'affirmer, il pousse vivement le nonce et insiste sur l'exclusion *secrète, secrétissime*, mais formelle.

Richelieu finit par se douter de quelque chose. Il reçoit, d'ailleurs, des avis secrets. Son fidèle ami, Gabriel de l'Aubespine, évêque d'Orléans, lui écrit : « Vous ne trouverez pas mauvais d'être averti qu'un chevalier de l'Ordre me dit, hier, que votre promotion n'est pas encore assurée et que le Pape était bien averti de trois choses qui vous peuvent nuire : qu'aviez juré avoir l'âge à Rome et que ne l'aviez pas ; que, durant votre charge de secrétaire d'Etat, aviez fait le pis contre le Saint-Siège que vous aviez pu ; que, nouvellement, vous aviez recherché les huguenots pour prendre les armes et servir avec la Reine-Mère ; qu'on aurait envoyé un exprès à Rome pour les tenir avertis de cela. » Son inquiétude est donc en éveil. D'ailleurs, il sèche d'impatience, et l'impatience est ombrageuse.

Pourtant, comment croire à tant de malice ? Luynes est si affirmatif, si empressé, si cordial ! Il écrit encore à l'évêque ; le 17 octobre : « Je suis extrêmement content de quoi vous auriez reconnu le soin que j'ai pris de vous servir en votre affaire de Rome… Nous continuerons à faire les mêmes instances que nous avons faites. » Et puis, de Fontainebleau, le 12 novembre : « Si je recogne jamais de ce que je vous ai promis, que je meure plus tôt ! Fiez-vous donc à moi. Je le dis parce qu'on m'a dit que vous aviez quelque méfiance… ; » et encore, le 19 décembre : « Ne vous mettez plus en peine d'imprimer en mon esprit l'affection que vous avez pour moi, puisque je ne suis nullement en doute… Il faut donc, désormais, faire et ne plus rien dire, puisque nos cœurs sont bois de soupçon. » Et cela, même quand il s'éloigne. De Boulogne, où il accompagne le Roi, pendant le voyage de Calais, il écrit encore, le 25 décembre 1620.

Un tel empressement finit par avoir raison des doutes de la Reine et de ceux de l'évêque de Luçon. D'ailleurs, Luynes, par une dernière habileté, ou une dernière faiblesse (car il n'a même pas le courage de sa perfidie), change encore de manège, à la fin. Le comble de l'art serait de se dégager de toute responsabilité et de tout faire retomber sur Rome. Aussi, quand l'époque de la promotion approche, que la Reine-Mère multiplie ses démarches avec une sorte de fièvre, et, aussi, quand les choses recommencent à se brouiller dans le royaume, il parle au nonce dans des termes sensiblement différents : « Il change d'avis tous les jours, écrit celui-ci ; un jour, il veut ; un jour, il ne veut pas. » Le nonce évente le piège. Il veut une parole ferme, et il pousse Luynes dans ses derniers retranchements. Celui-ci, mis au pied du mur, est bien obligé de découvrir sa véritable pensée : « Si on le nomme cardinal, ce sera bien, dit-il à la fin ; mais si on ne le nomme pas, ce sera mieux. » Voilà les hommes qui conduisent la France ! Bentivoglio lui-même n'en revient pas. « La vérité, écrit-il, c'est qu'ils se détestent tous ! »

La promotion des cardinaux parait le 11 janvier. Le nom de La Valette y est compris. Celui de Richelieu n'y figure pas.

Il est facile de deviner les sentiments de l'évêque. Une fois encore, il était joué par ce perfide. Il eût pu éclater. Il se contint. Il écrit au Père Joseph une lettre demi-souriante pour lui faire part de la nouvelle, — et de l'opinion un peu naïve du bon La Cochère, qui n'a rien deviné, à Rome, et qui espère toujours une prochaine promotion. Mais il n'ajoute aucun commentaire. La vengeance est un plat qui se mange froid. Richelieu écrit, à propos de cet incident : « En France, le meilleur remède que l'on puisse avoir, c'est la patience. »

« Perdre Luynes par la violence, dit-il encore, était un si mauvais moyen pour gagner le cœur du Roi que la Reine fut toujours déconseillée d'entendre aux propositions qui lui furent faites sur ce sujet. » Mais l'évêque guette le favori, et il l'attend à la première faute ou au premier échec.

Luynes est entré dans l'ère des grands embarras et des lourdes responsabilités. Il avait cru d'abord que le voyage du Béarn était une fin, et ce n'était qu'un commencement. Il était obligé maintenant de faire la guerre aux huguenots, et cela au moment où ses adversaires lui reprochaient son double échec dans les affaires de l'Allemagne et dans les affaires de la Valteline.

Sentir rôder autour de soi, à la Cour, dans les Conseils, partout, l'inimitié muette et justement exaspérée d'un homme comme Richelieu, ce n'est pas une médiocre gêne. La Reine-Mère est l'instrument bruyant de cette hostilité désormais implacable : « Après cela, est passé un temps, écrit Richelieu, où, nos désirs étant restés les mêmes, nos espérances se sont grandement refroidies, la Reine ayant tenu presque pour constant qu'on ne voulait point d'intelligence avec elle. » C'est un combat à mort. Marie de Médicis déçue, furieuse, fait sonner sa colère. Tout est sujet de plaintes, de récriminations, d'exigences croissantes et querelleuses. Avec une insistance maternelle qui devient la plus odieuse des persécutions, elle réclame la place qui lui est due auprès du Roi. Elle a l'affection agressive. Elle veut entrer dans les Conseils, disant qu'une mère comprend mieux que personne les intérêts d'un fils. « La Reine-Mère commence à se montrer de nouveau mécontente, écrit le résident florentin ;... son mal n'est point de ceux qui cèdent à des caïmans... Dieu veuille qu'à la fin, on n'apprenne pas quelque nouveau coup de tête ! »

Autour de Luynes, on commence à s'inquiéter sérieusement. Là aussi, la colère grandit. Un habile et sage intermédiaire avertit Richelieu, et, parlant au nom du favori, emploie, après la caresse, la menace : « Vous avez été dans les Conseils et vous savez où portent les soupçons et à quoi la sécurité des Etats oblige les princes. En telle matière, pour remédier à une ombre et souvent commencement de mal, *on est forcé de venir aux voies de fait*. Ce qui, peut-être, sera entrepris d'une part pour sûreté sera pris, de l'autre, pour conspiration... Nous avons affaire à un homme qui est de cette humeur de vouloir contenter un chacun. Il saura toujours garder le respect et les devoirs selon la considération des personnes... Mais, hâtez-vous donc, Monsieur, hâtez ce désiré retour et venez contribuer au bien commun, ce qui est en votre pouvoir. »

On veut Richelieu à la Cour. On le veut en otage. Pour lui, il est résolu : la Reine ne sera près du Roi que si elle a ses entrées au Conseil. Si on ne veut pas écouter ses avis, elle les donnera quand même. Elle a un entretien avec le Roi. C'est à l'heure critique où se décide la guerre contre les Réformés. Elle parle ; elle s'oppose à la rupture ; elle demande, elle exige « l'union de tous, » c'est-à-dire la paix.

Elle parle d'union et de paix. Or, c'est la guerre qui est décidée. On méprise ses conseils : il faut donc frapper ailleurs. Richelieu prend alors le chemin de toutes les ambitions non satisfaites, de toutes les oppositions désespérées. Il s'adresse à l'opinion.

Ce jeune évêque se morfondait, depuis cinq ans, loin du pouvoir. Il s'épuisait en des efforts stériles pour conquérir sinon la faveur, du moins la confiance du Roi ! Sa carrière était traversée par celle d'un homme jeune aussi, maître de la volonté royale et qui, selon toute apparence, pendant des années encore, lui barrerait la route. Il n'avait qu'une issue : le cardinalat. On la fermait. La politique du silence et de la réserve lui réussissait mal. Il se décide à en adopter une autre.

II. — LE RECOURS A L'OPINION

Il n'est pas de régime politique qui ne soit obligé de compter avec l'opinion. Mais, dans une monarchie, l'art de concilier les idées de gouvernement avec les sentiments populaires est particulièrement difficile, parce que les intérêts dynastiques et la volonté particulière du prince compliquent encore les données du problème.

Un homme public qui, pour agir sur le souverain, prend le détour de s'adresser à l'opinion risque beaucoup. D'abord, il faut qu'il parle : et le gouvernement est un secret. En parlant, il s'engage : or, la première loi que doit se faire un ministre fidèle est de n'avoir d'autre engagement que le service du monarque. Enfin, en se prononçant, avec liberté, sur les actes qui s'accomplissent par la volonté du prince (fût-elle séduite ou égarée), il risque de s'aliéner pour toujours la faveur royale.

Ayant mesuré ces difficultés, Richelieu, poussé à bout, entre cependant dans les voies périlleuses de l'appel à l'opinion ; mais avec quelle prudence, quel tact, quelle magistrale sûreté ! Les grandes affaires qui agitent le monde sont toutes présentes à son esprit au moment où il dessine son premier mouvement comme chef de l'opposition et où il soulève, devant le public, les voiles qui recouvrent encore la politique qui sera bientôt celle du premier ministre et de l'homme d'Etat. D'ailleurs, il parle à peine ; on l'entend à demi-mot. L'opposition, connaissant le prix d'un tel concours, se précipite vers lui, l'entoure, le presse. Lui, écoutant beaucoup, laisse percer son sentiment ; et cela suffit.

Son cabinet devient ainsi, rapidement, le centre d'un grand mouvement d'opinion dont les vibrations se répandent de proche en proche et qui vont agiter tout le royaume.

En l'année 1621, le problème protestant et le problème monarchique étaient posés en France et en Europe de telle sorte qu'il fallait opter : faire la guerre au dehors ou faire la guerre au dedans-. Luynes, au nom du principe monarchique et du principe catholique, se décidait pour la guerre intérieure. L'évêque de Luçon, non seulement par situation et par caractère, mais surtout par une vue plus large et plus complexe des choses, eût préféré la guerre extérieure. En agissant ainsi, chacun des deux partenaires était dans son rôle.

Les esprits élevés ont cette fortune que les esprits moindres ne démêlent jamais les grands services, même dans les grandes circonstances. La capacité se révèle au choix et à la grandeur des entreprises. Les esprits médiocres se tiennent aux occasions médiocres et aux chemins battus. Ils croient qu'ils ont beaucoup fait quand ils n'ont rien compromis. Il était naturel que Luynes fît passer avant tout la difficulté intérieure qui le louchait directement : sa faveur n'était-elle pas la principale affaire de l'État ? Il était naturel aussi que Richelieu portât ses vues sur la difficulté extérieure, qui demandait une tout autre portée d'esprit. Il savait, lui, que les affaires intérieures s'arrangent toujours, tandis qu'à l'extérieur, les. occasions ne se retrouvent pas et que les fautes ne se réparent pas.

Par le simple fait que son opinion différait de celle du favori, il ralliait à sa cause tous ceux qui, par intérêt, par situation ou par principe, étaient opposés à la politique de Luynes. Celui-ci, ayant pour système de ménager tout le monde, avait mécontenté tout le monde. Maintenant que, pour conserver la faveur royale, il se décidait et prenait un parti, il trouvait contre lui tous ses adversaires déclarés et, en plus, les ennemis nouveaux que sa nouvelle politique lui faisait. Et ce n'étaient pas, tant s'en faut, des adversaires silencieux ! Il y eut donc, soudain, une telle recrudescence de polémique contre le pouvoir que les contemporains eux-mêmes en furent frappés : « Au commencement de cette année 1620, on ne voyait que libelles contre celui qui possédait la faveur du Roi. »

Les libelles, c'était la presse du temps. Le bourgeois de Paris qui descendait sur le Pont-Neuf les voyait, pour ainsi dire, naître autour de lui. Pamphlets de quelques pages, qui se glissaient sous le manteau, ils visaient à l'esprit, sans dédaigner le plus vulgaire et le plus grossier. On disait que beaucoup d'entre eux étaient imprimés en Allemagne : ce qui est certain, c'est que la presse de Hollande commençait à les multiplier dès lors, dans ses formats réduits et sous son candide vélin.

Les protestants avaient été les initiateurs de cette redoutable petite guerre. Les premiers livrets répandus par les colporteurs devinrent, contre l'Eglise romaine, des armes plus dangereuses que les *in-folio* des théologiens. Les fameuses *Lettres des hommes obscurs* avaient pénétré partout. En France, la *Franco-Gallia* d'Hotman, les traités réunis dans les *Mémoires du temps de Charles IX*, et les *Vindiciæ contra tyrannos* avaient posé, devant les peuples, les plus hardis problèmes de la religion et de la politique. Les pamphlétaires de la Ligue avaient imité ces exemples, et, en plus, ils avaient parlé au bourgeois dans sa langue. Bientôt, le succès de la *Satire Ménippée* ayant multiplié les imitateurs, il ne fut plus question que de « *Catholicons.* » La faveur du maréchal d'Ancre avait amené une recrudescence trop facile et trop fastidieuse. Après une accalmie, la polémique reprenait donc, tout aussi violente, contre Luynes et contre ses deux frères. En somme, cette littérature est peu de chose. Les turlupinades sur les propriétés de l'*Aluyne* (c'est l'absinthe, et on prononçait l'*Aleine*), ou sur les *ruines* occasionnées par les *Luynes*, le facile amusement des *Contrevérités de la Cour*, des *Qu'as-tu vu de la Cour*, ou des *Tout en tout de la Cour* :

Le Roy simple ; donne tout,

Monsieur de Luyne ruine tout,

Et ses deux frères raflent tout.

le discours du *Chien à trois têtes* (à cause des trois frères), la *Requête présentée à Pluton contre Luynes par Conchine*, les dialogues où l'on fait parler Henri IV, les prosopopées que l'on met dans la bouche de la France, les *Prédictions de La Sibylle*, les *Méditations de l'Hermitte Valérien*, les plaisanteries de *Mathurine* et de *Gros-Guillaume*, tout cela constitue une littérature fort vulgaire et dont il ne faut pas exagérer l'importance.

Cependant, dans cet éphémère fatras, il est quelques pièces qui méritent d'être examinées avec attention. Ce sont celles qui, entre les excès de la thèse catholique et de la thèse protestante, s'appliquent à défendre une politique plus mesurée, plus sage, plus tolérante, une politique exclusivement nationale, mettant au-dessus de tout les intérêts de la couronne de France, et dont les adhérents se donnent, à eux-mêmes, le nom de *Bons François*.

On ne peut pas dire qu'il y eût groupement politique et parti constitué. La doctrine même était flottante, plus empreinte de catholicisme chez les uns, plus nuancée de protestantisme ou de « libertinage » chez les autres. Nulle organisation publique ou secrète, nul chef reconnu : tout au plus des conciliabules, des conversations chez quelque bourgeois bien posé, dans quelque boutique de libraire, ou dans quelque étude bien close et abritée contre l'indiscrétion du dehors. La causticité de la bourgeoisie parisienne raillait, frondait, chansonnait. Tout en se jouant, elle rencontrait des critiques justes, des traits piquants, des observations fondées. Le bon sens alerte faisait le reste. Le mouvement si sincère des esprits à Paris, la communion des cœurs dans un sourire, l'entente prompte et à demi-mot, donnaient quelque importance à cette petite guerre menée rondement et gaiement du Pont-Neuf à la Place Royale. Dans la ruelle de « l'accouchée, » les commères caquetaient et répandaient la plaisanterie à la mode qui, par les antichambres, entrait au Louvre et se glissait, parfois, jusqu'aux oreilles du Roi. Et c'est là qu'est le danger. Si sûr de la faveur que soit un courtisan, il n'est pas à l'abri de ces piqûres de moustiques, qui irritent d'abord et qui font, parfois, de durables blessures.

Or, à un moment précis qu'il est facile de déterminer, cette polémique si vive et si dangereuse s'attaque obstinément et cruellement à la faveur de Luynes. Evidemment, il y a campagne décidée et campagne menée. Larme existait ; quelqu'un la manie ; et il est facile de deviner d'où vient le mot d'ordre. Il vient des entourages de la Reine-Mère.

Au printemps de l'année 1620, un peu avant la bataille des Ponts-de-Cé, une sorte de pamphlet à demi officiel, intitulé *les Vérités chrétiennes au Roi très chrétien*, connu aussi sous le nom de *Manifeste d'Angers*, sonne la charge. Il est attribué, avec toute apparence, à Mathieu de Morgues, prédicateur de la Reine-Mère, esprit caustique, plume dangereuse, que Richelieu ménagea longtemps, mais qui, après avoir été son familier, devint, par la suite, son plus dangereux ennemi. *Les Vérités chrétiennes* sont d'un style âpre et net. C'est la pensée de la Reine-Mère, c'est la politique de l'évêque de Luçon, qui s'y trouvent développées : « Croyez, Sire, qu'il y a beaucoup plus de favoris ingrats que de mères sans amour pour leurs enfants... » D'après Mathieu de Morgues lui-même, le manifeste fut « grandement approuvé » par l'évêque de Luçon.

Un autre familier taille sa plume. Celui-là, Richelieu le rencontrera, aussi, dans tout le cours de sa carrière. Déjà, il est un ennemi caché auprès de la Reine-Mère. C'est un gentilhomme, un homme d'épée, un personnage avec qui il faut compter, Chanleloube. En décembre 1620, trois mois après la bataille des Ponts-de-Cé, il publie le *Comtadin Provençal*, qui prend Luynes directement à partie et qui procède, contre lui, méthodiquement. Le favori est accusé de six vices notables, savoir : incapacité, lâcheté, ambition furieuse, avarice insatiable, ingratitude non pareille, et d'être homme ni de foi ni de parole. On lui reproche sa naissance non française, puisqu'il est né à Mornas, au Comtat d'Avignon ; on lui reproche scs débuts si modcstcs, lui ct scs frèrcs n'étant bons, d'après lcur premier protecteur, le comte de Lude, « qu'à dénicher des geais verts ; » on s'étonne de cette fortune d'un petit fauconnier, « qui, depuis son hors de page jusqu'au 24 avril 1617, n'avait gouverné autre chose que des esperviers. » Tous les traits portent. La langue est vive, mordante, et la querelle aboutit toujours à la même conclusion : « Le souhait de la Reine est d'être auprès du Roi ; ces noms de mère et de fils ne peuvent souffrir de division. Le bien des affaires du Roi et du public requiert cela. Au contraire, le bien des affaires de Luynes et de ses parents est que Leurs Majestés soient divisées, et voilà la source de tout le mal... » Or, c'est encore ici la thèse de l'évêque de Luçon : « Donnez l'entrée au Conseil, dit-il sans cesse à Luynes, au nom de la Reine-Mère, et tout est arrangé. »

Mais voilà que le champ de la polémique s'élargit. C'est le moment où, dans le grand débat politique et religieux qui divise la France et l'Europe, Luynes a pris parti, — c'est-à-dire vers février ou mars 1621, — et à l'heure précise où l'évêque de Luçon sait que son nom ne figure pas sur la liste de promotion des cardinaux. Il n'a plus de ménagements à garder. D'ailleurs, les grands intérêts de la France sont en cause : malgré ses avis, on a décidé la guerre à l'intérieur. C'est donc sur la politique de Luynes et non sur sa personne seulement que la polémique va porter. Cette fois, « la France » elle-même prend la parole. Elle s'adresse à Louis XIII par *Le Discours salutaire et advis de la France mourante au Roi.*

C'est une adjuration au Roi et à ses conseillers de ne pas déchaîner la guerre civile dans le royaume ; c'est un appel à tous les « bons François... » « Je reviens à vous, mes enfants, quel bien prétendez-vous de mon nom ? Quel profit du sang de vos frères ?... » C'est une invocation aux vieux ministres, ce Sillery, « ce sage oracle de tous les François, » au Parlement « colonne de l'Etat, » aux Grands, à la Noblesse, à l'Eglise « catholiques françois. » Le Roi, à son tour, est pris à témoin. On lui rappelle l'ensemble funeste des guerres antérieures, la résistance de son père, Henri IV, aux conseils « venus de Rome et d'Espagne, » et le mot de Henri III à Messieurs du Parlement : « J'ai grand peur qu'en voulant perdre le prêche, nous ne hasardions fort la messe. »

Le pamphlet prêche la tolérance dans des termes que l'auteur de la *Réponse aux ministres de Charenton* n'eut pas désavoués : « Les âmes et les consciences ne se peuvent forcer ; elles se moquent du fer, des gibets et des flammes... Laissez Dieu pardessus vous, ô mon Prince, laissez-lui et la force de sa parole, et le régime des consciences. Il n'y a point de religion en la force. » Voici maintenant la défense des Réformés : on loue leur fidélité. C'est à tort qu'ils sont accusés de rébellion : « En effet, lorsqu'ils s'assemblent, c'est sur la promesse qu'on dit que Votre Majesté leur en avait donnée ; ils vous supplient d'ouïr leurs plaintes avant que de condamner leur cause et leurs personnes. Ils ne cherchent pas d'autres armes que leurs larmes, s'il plaît à votre bonté royale d'y avoir quelque égard. » Pour un peu, le plaidoyer serait si chaleureux qu'il verserait dans le « huguenotisme, » et ce trait même est assez notable ; car il classe, presque certainement, ce pamphlet auprès d'un autre, plus considérable encore, qui parut quelques mois plus tard, après la mort de Luynes, mais qui, écrit de son vivant, expose la thèse complète de ses persévérants adversaires. C'est la *Chronique des Favoris*.

Ici, le ton s'élève encore. Ce ne sont plus seulement les incriminations particulières contre Luynes et ses frères ; ce n'est plus seulement la défense de la Reine-Mère et des grands : c'est l'ensemble du grand débat européen ; c'est la politique extérieure aussi bien que la politique intérieure ; ce sont les conséquences funestes de la décision si grave prise par Luynes quand il a voulu la guerre : « Nous voyons clair, maintenant ; des lièvres tremblants nous ont fait peur. Nous nous sommes jetés à l'eau pour échapper à des foudres de guerre qui n'étaient eux-mêmes que des poltrons : voilà toute l'histoire des Ponts-de-Cé. » Tous nos maux viennent, une fois de plus, de nos ennemis, c'est-à-dire des Espagnols : « Nos voisins, vrais Argus, s'avisèrent qu'une guerre civile en France serait bien à propos, pour leur permettre de venir à bout des révoltes d'Allemagne et de l'usurpation qu'ils prétendaient faire, tant au Palatinat, Juliers, qu'en la Valteline. » De là tout le mal ; et nous nous sommes laissé prendre au piège ! « Ils ont ramassé tous les vieux haillons de la Sainte Ligue pour faire un beau manteau de religion doublé bien finement par les Pères de la Société et, de tout cela, ils ont fait un présent à ce beau favori, qui n'y a vu qu'un moyen de parvenir à la connétablie ! .. Tous les dévots sont arrivés à la rescousse ; les cardinaux ; l'archevêque de Sens, le Garde des sceaux Du Vair, qui comptaient aussi sur leur chapeau rouge, et le Père de Bérulle, et « jusqu'à la marquise de Maignelay. » Le roi Henri IV s'inquiète, aux enfers, de ce qui se passe là-haut ; il apprend l'état où Ion a mis son royaume, son fils mal conseillé et à demi découronné. Il demande pourquoi la mère ne l'a pas tiré de ce mauvais pas ; on lui répond qu'elle est elle-même chassée de la Cour ou traînée aux camps comme une « femme à lansquenets. » Personne n'est plus à sa place ; tout l'or du royaume est gaspillé ; le peuple est ruiné, la noblesse périt dans des combats inutiles, et tout cela, pourquoi ? Pour enrichir une famille d'incapables et d'intrigants, dont l'ambition insatiable a tout détruit dans ce florissant royaume : « De haute lutte, ils ont fait passer, depuis quatre ans, toutes les affaires importantes par leurs seuls avis. Ils ont fait marcher le Roi en tous lieux où leurs intérêts particuliers les appelaient. En faveur de Castille, Luynes a négligé toutes les vieilles alliances de la couronne. Il a laissé perdre le Palatinat et les Grisons, afin de se rendre l'Espagnol favorable. La Reine-Mère avait conservé Juliers sous la protection des armes du Roi, et ces trois marauds l'ont laissé bloquer par Spinola à la honte de votre glorieuse mémoire. Le même Père Dominique, qui avait béni les armées impériales, à la veille de la bataille de la Montagne Blanche, on l'a fait venir pour bénir les armées du Roi à la veille de l'assaut de Montauban ! Nous sommes donc bien lus soldats de l'Espagne ; nous ne faisons plus qu'un avec elle. Voilà ce que ces traîtres ont fait de la France. L'ennemi traditionnel a dirigé leur politique et a profité seul de leur incapacité ! »

Ainsi, la politique nationale s'affirme contre la politique catholique et espagnole de Luynes. La bourgeoisie parisienne, avertie par les fautes mêmes qu'elle a commises au temps de la Ligue, se méfie maintenant. Elle n'a plus de goût pour les Saint-Barthélémy ; elle n'a pas oublié l'assassinat de Henri III et celui de Henri IV. Quand on lui parle de recommencer les guerres de religion, elle se demande d'où viennent les conseils. Elle voit, autour du favori, le nonce du Pape, les cardinaux, le parti des dévots et surtout l'ambassadeur d'Espagne. Et l'Espagne, — on le sait maintenant, — n'a qu'un but. Sous le prétexte de la religion, elle poursuit obstinément sa campagne pour la domination universelle. Les moines sont ses favoris et ses estafiers. Tout le monde obéit au : *Yo el Rey*. Si l'on veut rester des patriotes, la première prudence est de se méfier de tous ces cosmopolites. Jamais on n'en a tant vu à Paris. Les Jésuites, en moins de vingt ans, ont restauré leur Compagnie, ont fondé partout des collèges, se sont emparés de la Cour, se sont imposés au confessionnal du Roi et tiennent en bride le favori. Or, les Jésuites sont à la fois les serviteurs et les maîtres de la Maison d'Autriche. Ferdinand Ier et Maximilien sont leurs élèves. La victoire de la Montagne Blanche est une victoire jésuite. Et les vaincus, qui sont-ils ? Ce sont les vieux alliés de la couronne de France ; ce sont ceux qui ont aidé le roi Henri IV à reconquérir sa couronne ; ce sont les princes allemands indépendants, et, au premier rang, le Palatin. Les Hollandais sont, maintenant, menacés de nouveau, depuis que la trêve conclue sous les auspices du roi Henri est terminée et dénoncée ; les Vénitiens, le duc de Savoie, les Grisons, Mansfeld, tous nos amis, crient au secours et personne ne vient à leur aide.

Comme la situation de la France est changée, depuis l'assassinat de Henri IV ! Tous les maux qu'on avait prévus se réalisent. Divisée au dedans, au dehors elle n'a plus d'alliés ! La confédération qui s'était groupée autour du vainqueur de Fontaine-Française s'est dissipée. En évoquant habilement de soi-disant principes religieux, on nous a isolés en Europe. L'Angleterre nous a abandonnés et la voilà qui recherche maintenant elle-même l'alliance d'Espagne. Nous n'avons pas su profiter des occasions favorables. Nous avons laissé périr sans secours le duc d'Osuna à Naples ; et, au moment où cette vieille adversaire était écrasée par nos alliés de la veille, loin de l'achever, nous l'avons sauvée, à Ulm.

Demain, restaurée et raffermie, ayant eu raison, isolément ou successivement, de tous ses adversaires, elle se dressera de nouveau devant nous ; elle marchera sur nous ; elle retrouvera des Farnèse ; il lui reste des Spinola ; et elle nous prendra, de nouveau, en flagrant délit des discordes intestines où sa redoutable habileté nous aura, encore une fois, précipités.

La France n'a pas de plus cruel ennemi qu'elle-même. Ce sont ses divisions qui font la force de ses adversaires. Tous ceux qui n'étaient pas aveuglés par la passion catholique comprenaient que c'était là le véritable danger national ; et c'est pourquoi ils se donnaient, avec une assurance qui embarrassait grandement leurs adversaires, le nom de « Bons François. »

Ces aspirations, ces sentiments, étaient-ils partagés par le cardinal de Richelieu, ou, pour préciser, appartenait-il au parti des « Bons François ? » Sur bien des points, il était certainement en communauté de vues avec ce groupe d'hommes sensés, influents et actifs. Il était frappé du danger que faisait courir au royaume l'abandon de la politique traditionnelle de Henri IV. Il voulait la France grande. Or, alliée et satellite de l'Espagne dans la campagne de restauration catholique, elle ne pourrait être que subalternisée et diminuée. Il était partisan déclaré de la tolérance religieuse. Son titre d'évêque et même sa candidature au cardinalat n'étaient pas des obstacles : oh citait bien des hommes publics, comme le cardinal Duprat et le fameux cardinal Georges d'Amboise, à qui leur indépendance envers le Saint-Siège n'avait pas si mal réussi.

Mais, de tout cela, fallait-il conclure que ce prélat, cet ami de la Reine-Mère, ce porte-parole du clergé dans les Etats de 1614, allât jusqu'à lier sa fortune à celle des ennemis déclarés de la politique catholique ? Pensait-il à prendre réellement, au dedans et au dehors, la défense des huguenots ? Si oui, quelle imprudence, et que de contradictions ! Si non, comment expliquer ses relations journalières avec les pamphlétaires qui se réclamaient de lui ? Comment nier la présence, dans son cabinet, de personnages louches qui se donnaient pour ses inspirateurs et pour ses confidents ? Grand embarras pour les contemporains ; et même, il faut l'avouer, grande difficulté pour l'histoire.

III. — LES CONSEILLERS INTIMES. — FANCAN ET LE PÈRE JOSEPH

A demi perdue jusque-là, dans l'entourage de l'évêque, une figure a été récemment signalée par un érudit mort prématurément, M. Geley, qui prétendit même la tirer au premier plan. Il s'agit d'un personnage singulier, énigmatique. En raison de l'importance des affaires auxquelles il a été mêlé et de la puissance des ressorts qu'il fit agir, on peut se demander s'il ne fut pas, en France, un des agents occultes de ces grands partis rivaux qui, à celle époque, divisaient l'Europe.

Homme actif, entreprenant et ingénieux, écrivain plein de verve, interlocuteur persuasif et entraînant, politique fécond en ressources, en ruses, en tours et détours, touchant à tout, touchant partout ; curieux, perspicace, d'allure ardente et plein de sang-froid, gardant, au milieu de ses transformations et de ses avatars cachés, une manière d'autorité et un ton de conviction ; si bien que ce n'est pas un de nos moindres embarras que de le voir s'adresser en termes familiers à un homme qui, comme l'évêque de Luçon, n'encourageait par la familiarité ; il s'appelait François Langlois, sieur de Fancan ; il était chantre et chanoine de l'église Saint-Germain l'Auxerrois.

Il venait d'Amiens. Il avait été attaché d'abord, à la famille très catholique de Longueville, c'est-à-dire aux Soissons et aux Guise, et il avait su gagner la confiance de cette fameuse comtesse de Soissons qui était l'intrigue en personne, et dont, pendant quelques années, il avait géré les affaires. Habile à s'insinuer, il s'était fait charger, vers 1617, par M. de Longueville, d'une mission en Suisse, pour y traiter une affaire particulière à laquelle le duc de Savoie était également intéressé. Était-ce là qu'il avait pris une première teinture des affaires extérieures et un premier contact avec les protestants du dehors ? Ce qui est certain, c'est qu'il avait manigancé, à cette époque, un rapprochement entre messieurs de Berne et le duc de Savoie et que, quoiqu'il fût clerc et familier d'une puissante maison catholique, il se prononçait très crânement contre la politique pontificale ; il écrivait, dès lors : « Dieu nous garde du conseil des bigots ! » Son langage imprudent avait attiré l'attention, et peu s'eu fallut que le roi de France ne donnât, à son ambassadeur en Suisse, l'ordre de le faire arrêter.

Rentré en France, il avait d'abord humé le vent de la faveur, et il avait essayé de se glisser dans les bonnes grâces de Luynes, devenu, par suite d'un échange avec le duc de Longueville, gouverneur de la Picardie. Mais ses services n'avaient pas été agréés ; et, par dépit peut-être, il s'était jeté dans l'opposition, probablement au moment où la comtesse de Soissons et M. de Longueville, quittant la Cour, s'étaient réfugiés à Blois, auprès de la Reine-Mère, et avaient donné ainsi le signal de la rébellion.

Est-ce à ce même moment, et dans le tumulte des semaines où se préparait l'affaire des Ponts-de-Cé, qu'il s'insinua auprès de l'évêque de Luçon ? C'est ce qu'il est difficile de préciser. Quoi qu'il en soit, son frère, Dorval-Langlois, était l'intendant des affaires particulières de l'évêque ; il semble bien que celui-ci avait été présenté au futur cardinal par les Bouthillier, dont les origines, comme celles des La Porte, étaient picardes ; depuis longtemps, d'ailleurs, un Langlois était, comme on disait alors, de la domesticité des Richelieu.

En 1618, Fancan apparaît, auprès de l'évêque de Luçon, comme un adversaire déclaré de Luynes, comme un tenant de la cause des

« Bons François, » et, surtout, comme un homme particulièrement renseigné sur les affaires d'Allemagne : il les traitait d'un ton de connaisseur. Il faisait valoir ses nombreuses relations au dehors et il était au courant de ce qui se passait un peu partout. Chanoine de Saint-Germain l'Auxerrois depuis 1614, et sur le point d'être promu, bientôt, à la haute dignité capitulaire de chantre de la même église, il ne cachait pas son inclination vers la cause protestante, et il ne tarissait pas sur les dangers que la politique catholique de Luynes faisait courir au pays. M. Geley a démontré que, dès cette époque, Fancan fut un des rédacteurs principaux des libelles imprimés contre le favori. Ce fut lui qui écrivit les mauvais vers du pamphlet, célèbre alors, sur les *Admirables propriétés de l'Aluyne* :

  Voulez-vous piper la jeunesse,
Mener en triomphe un grand Roy ?
Voulez-vous blesser la noblesse,
Et aux princes donner la loy ?
Faites que toujours voire haleine
Sente l'odeur de l'*Aluyne*.

Voulez-vous piper un prince,
Attraper un gouvernement,
Acheter toute une province
Pour y régner absolument ?
Frottez-vous le nez de la Graine
Ou du jus de l'*Aluyne*,

Voulez-vous que la Reyne-Mère
Demeure toujours en prison
Et que le Roy soit en cholère
Contre elle, sans droit ni raison ?
Faites toujours que votre haleine
Sente l'odeur de l'*Aluyne*.

  On peut lui attribuer également la rédaction de certains pamphlets autrement intéressants et, notamment, de la *Remontrance au Roy importante pour son Etat*, et de la *Chronique des Favoris* qui avait, nous l'avons vu, la portée d'un véritable manifeste. Ce qui caractérise ces pamphlets, et d'autres, non moins intéressants, qu'il écrira par la suite, c'est une argumentation puissante, une véhémence parfois éloquente, une verve souvent grossière, et toujours, et par-dessus tout, un fort parfum de huguenoterie. Fancan n'était pas un isolé dans l'entourage de l'évêque et de Marie de Médicis. Il était étroitement lié avec toute la bande des praticiens de l'intrigue et des spéculateurs en mécontentement qui s'attachaient à la cause de la Reine-Mère. Succédant aux Tantucci et aux Rucollaï, il rencontrait là les Chanteloube, les Marcel, les Mathieu de Morgues. Une lettre de celui-ci nous montre bien quels genres de services on pouvait attendre de ces gens : ils répétaient les nouvelles, forgeaient les épigrammes, insinuaient les calomnies, espionnaient, colportaient, rapportaient, hommes à toutes besognes et à toutes mains, se répandant, selon leurs propres expressions, « en beaucoup de visites chez des personnes considérables, pour donner de bonnes impressions et effacer les mauvaises que d'autres avaient données. » C'est ce qu'on appelait, dès lors, des mouches, espèces bourdonnantes et malfaisantes qui se croyaient nécessaires et que l'on croyait utiles, parce « pie, dans ces temps-là, tout, même les grandes choses, se préparait dans l'intrigue du cabinet.

Il est incontestable que ce Fancan pénétra très avant dans la familiarité, sinon dans la continuée, de l'évêque de Luçon. Ses compagnons, qui avaient intérêt à compromettre Richelieu, ont dit, par la suite, qu'il avait écrit ses principaux pamphlets sous l'inspiration directe de celui-ci. Mais l'idée protestante y est trop évidente pour que cette assertion puisse être reçue sans contrôle. Fancan était auprès de Richelieu, cela est certain. Il avait, avec lui, une liberté de langage qui indique d'étroites et intimes relations, voilà tout ce que l'on peut dire.

De ces rapports intimes, il nous reste une preuve d'une authenticité incontestable, dans une lettre écrite à Richelieu, en août 1621, lettre que l'on a attribuée à un autre confident de Richelieu, le l'ère Joseph, et qu'on peut, sans risque d'erreur, restituer, comme l'a l'ait M. Fagniez, à notre Fancan. Ce sont des conseils donnés de haut, par un politique raffiné, à une ambition dont tous les calculs et toutes les inquiétudes sont devinés et ménagés sous les formes d'une apparente rudesse : « Souvenez-vous donc, s'il vous plaît, que le bien des affaires de la Reine consiste, pour l'heure, en rétablissement d'une vie privée et au mépris des tracas de la Cour… Ne demandez rien au Roi pour votre fait particulier, mais

importunez-le librement en ce qui regardera les nécessités de la
Reine sa mère… Surtout, montrez discrètement que vous n'êtes
de facile croyance à toutes les promesses que l'on pourra faire, les
réduisant toutes à l'effet, non aux paroles… N'ayez pas honte de
publier que la Reine est extrêmement nécessiteuse ; supposez des
dettes, faites saisir son revenu… Sa misère, opposée à l'opulence
orgueilleuse de ses ennemis, frappera un grand coup pour elle
dans les corps des communautés, quand on considérera une
grande reine, veuve et mère de deux grands rois, réduite à une vie
privée et nécessiteuse par l'insolence d'autrui… Ceux auxquels
vous avez affaire veulent tout tenir sous leur puissance ; c'est ce
qu'il vous faut prévoir d'heure et n'avez que le prétexte d'une vie
à demi conventuelle pour échapper de leurs mains… Il sera aussi
à propos de faire courir le bruit que la Reine est, à présent, fort
opiniâtre en ses résolutions, se laissant parfois emporter à des
fantaisies dont on ne peut aisément la détourner ; qu'elle se forme
des mécontentements, tantôt contre les uns, tantôt contre les autres
de ses plus familiers, et que cela soit semé parmi les domestiques,
tantôt feignant qu'il y en a de disgraciés, tantôt travaillant pour
les rétablir en grâce ; tout cela bien joué… ainsi on gagnera du
temps… » Et enfin, ces conseils tout directs sur l'affaire qui tient
le plus au cœur à l'évêque de Luçon, celle du cardinalat : « Si vous
n'avez pas présentement vos expéditions de Rome, il semble que
ne devez vous embarrasser davantage à la poursuite… Il faut alors
que la Reine et vous acquériez du crédit parmi les bons François,
que vous ne fassiez point paroître d'avoir une intelligence avec les
maisons ou religions qui sont suspectes à la France (les Jésuites),
et la Reine ne feroit pas peu pour ses affaires, si elle prenoit
quelquefois un bon docteur de Sorbonne et quelque bon chartreux
pour se confesser et, pour prédicateur, quelqu'un qui fût d'un autre
habit que le P. Arnoux… il vous en réussira un plus grand bien
qu'il ne semblera à plusieurs ; il y a de grandes particularités à vous
entretenir là-dessus… »

Quelle singulière hardiesse, quelle complexité et quelle fécondité
de ressources, quelle astuce déliée et impudente, quel irrespect et
quel scepticisme dans ce langage tenu à un évoque par un prêtre,
quelle assurance détachée dans ces aphorismes que l'auteur de la
lettre appelle lui-même des maximes d'État ! Qui donc osait parler

ainsi, en face, à Richelieu ?

Fancan, il est vrai, était téméraire. Il aimait à donner des conseils qu'on ne lui demandait pas. Il tranchait volontiers du Machiavel. Il écrivait beaucoup, comme un homme à qui les écritures coûtent peu, et rapportent. Cependant, pour tenir un tel langage, il fallait qu'on lui eût laissé prendre d'autres libertés. Un peu plus tard, quand Richelieu parvint aux affaires, Fancan lui adresse encore des « avis, » des mémoires politiques. Le ministre les recevait avec plaisir ; il les demandait même. Fancan était donc admis dans son cabinet ; il travaillait avec lui ; il écrivait pour lui, et notamment sur les sujets de politique extérieure.

Et c'est ici que la difficulté se complique encore. Il faut lever maintenant le dernier voile qui couvre cette étrange personnalité. Nous pénétrons, ce qui est si rare en histoire et en politique, dans le domaine ténébreux où s'agitent les agents occultes de la politique internationale. Nous avons dit que, si Fancan avait pris de l'influence sur Richelieu, c'est, certainement, par la connaissance, rare en ce temps-là, qu'il avait des affaires européennes. L'évêque était avide d'entendre un homme qui savait bien les choses et qui avait l'art de les expliquer.

Or, ce conseiller, cet agent, ce confident, avait les raisons les plus particulières d'être bien renseigné. Car il représentait, en France, des intérêts étrangers. Il avait, certainement, les relations les plus étendues avec tout le monde protestant et, par un double jeu où les ténèbres se recouvrent de ténèbres, il était aussi en rapport avec le parti adverse. Fancan restera, dans l'histoire, un type remarquable de l'agent secret : adresse, hardiesse, sang-froid, duplicité, immense et permanente intrigue, avec l'intensité d'action et d'émotion que donne un si délicat et si redoutable maniement.

Quelques années plus tard, quand Richelieu le fit mettre à la Bastille, — où il ne tarda pas à mourir bien inopinément, — on saisit ses papiers, et on dressa un inventaire, publié récemment par M. Kügelhaus ; or, voici ce qu'on découvrit : Fancan entretenait une correspondance des plus actives avec les chefs du protestantisme dans les Pays-Bas, en Suisse, en Hollande, en Angleterre. Et quelle correspondance ! Il offre ses services au Palatin. Il écrit à Mansfeld, le grand chef des armées huguenotes, disant « qu'il ne lui écrit souvent, *crainte que les lettres ne tombent en mains étrangères* ; dit encore qu'il appuie tant qu'il peut ses intérêts, mais que, souvent, il se trouve faible contre les factions contraires ; dit qu'il a assez fait connaître *à l'ambassadeur d'Angleterre* combien les ennemis le redoutent, etc. »

S'il s'agit de l'Angleterre, voici ses correspondants de Londres qui le félicitent de « ses lettres pleines clos témoignages ordinaires de son ardeur et affection au public. » Voici les lettres de Carlisle, ambassadeur d'Angleterre en France. Voici d'autres lettres adressées à un haut personnage anglais, où Fancan dit qu'il *contribue de tout son pouvoir à l'alliance d'Angleterre contre l'Espagne.* Voici toute une vaste correspondance sur ce sujet et sur tant d'autres. Voici des renseignements sur les flottes et sur les troupes qui vont venir au secours de La Rochelle.

Mais c'est surtout du côté de l'Allemagne qu'il s'emploie. Pour qui travaille-t-il ? Voilà qui devient plus obscur. Nous avons vu le rôle affirmé et patent, en quelque sorte, en faveur des protestants, les pamphlets, les correspondances avouées, probablement, dans une certaine mesure, les mémoires remisa Richelieu. Tout cela se tient. Mais, voici d'autres attaches, et celles-ci sont avec des princes catholiques, avec les princes bavarois, avec l'archevêque de Cologne et, surtout, avec l'allié de Ferdinand II, avec le vainqueur de la Montagne Blanche, avec Maximilien de Bavière !

C'est par lots entiers que l'on compte les liasses de ces correspondances, bien suspectes pour un Français, et, dans ces liasses, il y a des reçus ! « Paquet de plusieurs papiers et lettres concernant le maniement de 36 000 livres pour le baron de Rechem (c'est un des ministres de cet archevêque de Cologne qui est le frère de Maximilien). Entre lesdits papiers, il y a une quittance du baron de Rechem de 45 000 livres de-maniement qu'avait eu le sieur Fancan. » Le « maniement ; » le mot est trop clair. Aucun doute ne peut subsister. Fancan était à la solde d'un des partis, peut-être des deux.

Je sais bien que les princes de la maison de Bavière, quoique catholiques, jouèrent souvent un double jeu, qu'ils hésitèrent longtemps entre les deux causes, et qu'ils furent, plus d'une fois, tentés de former, en Allemagne, ce qu'on appelait alors un tiers-parti, Je sais bien que la France s'intéressa à cette politique et que Richelieu y employa même, notoirement, les services de Fancan. Mais, si celui-ci montra tant d'ardeur à servir cette cause, son ardeur ne le rend que plus suspect, car il n'était pas libre et il recevait de l'argent de l'étranger. Richelieu sut à quoi s'en tenir, quelques années plus tard, et voici le terrible réquisitoire qu'il insère, dans ses *Mémoires*, sur l'homme qui avait, si adroitement, forcé son intimité : « Le Roi fit arrêter un nommé Fancan, pour lui faire expier une partie des crimes qu'il avait commis. De tous temps, il s'était déclaré, plus ouvertement que ne pouvait un homme sage, ennemi du temps présent. Rien ne le contentait *que les espérances imaginaires d'une République qu'il formait selon le dérèglement de ses imaginations…* Son exercice ordinaire était de composer des libelles pour décrier le gouvernement, de rendre la personne du prince contemptible, les Conseils odieux, exciter à sédition, chercher de beaux prétextes pour troubler le repos de l'Etat, *et, sous le nom de bon François*, procurer la perte du royaume… En cette considération, il *avait pris, de tout temps, intelligence avec les protestants étrangers, auxquels il servait de fidèle espion*, d'autant plus à craindre que sa condition le rendait moins suspect. Il se servait envers eux *de l'entrée qu'il avait en diverses maisons des ministres*, pour, sous prétexte de bons avis, leur donner de fausses alarmes pour les armer contre l'Etat… »

Cet « espion, » c'est dans le cabinet de Richelieu qu'il espionnait. Ces « entrées, » c'est chez Richelieu qu'il les avait. Ces « avis, » c'est à Richelieu qu'il les donnait. Richelieu ne pardonna pas d'avoir été trompé, ou il ne voulut pas dire jusqu'à quel point il lui avait plu de se laisser tromper. Fancan lui avait été utile ; Fancan devenait dangereux ; Fancan, ses avis et sa mémoire disparurent dans l'ombre et le secret de la Bastille.

Mais, en 1621, au moment où il recevait de Fancan les conseils hardis contenus dans la lettre intime qu'il se laissait adresser, au moment où il lisait, avant qu'ils parussent, des livrets comme les *Remontrances au Roi* et la *Chronique des Favoris*, au moment où il étudiait les mémoires si précis et si documentés sur les affaires d'Allemagne, l'évêque de Luçon ne cherchait pas à démêler les raisons du zèle dont cet officieux faisait étalage. Ayant tout intérêt, alors, à ménager le parti protestant, l'évêque avait tout avantage à s'instruire exactement des intérêts qui étaient en jeu dans les conflits internationaux. Cet homme était pour lui un éducateur, un indicateur, et peut-être un intermédiaire.

Mathieu de Morgues et, d'après lui, des écrivains plus récents ont été plus loin et ont attribué à Fancan le rôle d'un inspirateur. L'exagération ou l'erreur sont évidentes. Le parti pris de Fancan en faveur de la cause protestante est si déclaré qu'il est facile de distinguer ses idées personnelles de celles de l'évêque. L'agent représente une doctrine qui ne fut jamais celle de Richelieu, et cette doctrine était, dès lors, formulée en Angleterre, par le fameux *No popery* : « A bas le papisme ! » On trouve ; dans l'inventaire des papiers de Fancan, la mention d'un dossier qui devait être particulièrement curieux ; le commissaire royal qui rédigea l'inventaire, Nicolas Fouquet, l'analyse en ces termes : « *Le grand secret du grand Dessein.* C'est un livre in-folio, qui contient environ cent pages, écrites» à la main, contre les Jésuites, lequel surpasse, à mon sens, tout ce qui a été écrit contre eux. » Si l'on voulait savoir le dernier mot sur la personnalité de Fancan, c'est dans ce « Mémoire, » s'il subsiste, qu'il faudrait le chercher. On y trouverait probablement tout l'esprit de la Conjuration.

Les idées de Richelieu étaient, dès lors, beaucoup plus complexes. Il n'a jamais aimé les Jésuites : mais il avait des raisons très sérieuses de ménager ceux que Fancan traitait si mal. Si les « bons François, » si l'opposition protestante elle-même avaient, à cette époque, les yeux tournés vers lui, si, comme il arrive dans toutes les coalitions, l'évêque avait des accointances diverses, il est certain que les « catholiques, » les « dévots, » n'avaient, d'autre part, aucune raison de le traiter en adversaire, ou en suspect. C'est là que s'observe ce sens de la mesure et cette haute sagesse ; qui seront le secret et la force de toute son activité politique. Le sentiment du bien public le guide parmi les excès qui l'environnent et assure à son caractère une position si haute que même ceux qui le craignent ne peuvent pas ne pas l'estimer. Evoque, il était trop soucieux de sa dignité pour se laisser compter au nombre des adversaires publics ou cachés de l'Eglise ; candidat à la pourpre, son intérêt l'eût mis en garde contre toute manifestation qui eût alarmé Rome.

Si la tactique de son opposition contre Luynes le portait à se séparer des catholiques ultra ; si sa clairvoyance le préservait de l'illusion, généralement partagée, qu'on en finirait avec le parti huguenot en une seule campagne ; s'il appréhendait la guerre civile ; si son génie politique lui découvrait la portée et les conséquences de la faute commise à Ulm, de l'abandon du Palatin, de l'invasion de la Valteline, il était, pourtant, assez maître de lui pour ne pas se laisser entraîner au-delà.

Il se proposait surtout de rentrer dans la faveur du Roi. Or, Louis XIII était trop bon catholique pour confier jamais les affaires à un homme dont les sentiments à l'égard de l'Eglise n'eussent pas été sûrs. Marie de Médicis était dévouée, corps et âme, aux idées romaines. Enfin, l'évêque de Luçon faisait sa société habituelle de personnages appartenant au haut clergé et que leur foi active et leur ardeur religieuse recommandaient particulièrement à la faveur du Roi, à la piété des fidèles et à la confiance du Saint-Siège.

Au premier rang, les cardinaux de Retz et de La Rochefoucauld ; puis, son grand ami, l'archevêque de Sens, frère du cardinal du Perron, qui s'employait sans cesse à un raccommodement avec Luynes et à un rapprochement avec la Cour ; puis, le confesseur du Roi, ce bruyant et intempérant Père Arnoux qui, après l'avoir combattu, s'était pris, tout à coup, d'un beau zèle pour lui et ne se gênait pas pour le proclamer le futur chef du gouvernement ; puis, le fondateur d'une de ces congrégations qui allaient tant contribuer à restaurer, en France, la pureté des mœurs et de la doctrine parmi les membres du clergé, le fameux Père de Bérulle ; enfin, par-dessus tout, l'ami des premiers jours et des heures mauvaises, l'homme dont l'autorité, la valeur, le désintéressement, le prosélytisme fougueux eussent fourni, au besoin, caution suffisante, le Père Joseph.

Essayons de préciser, dès maintenant, le véritable rôle du Père Joseph. C'était un homme plein de foi, un enthousiaste, un imaginatif. Ses vertus religieuses dépassent la mesure commune. Il fut un fondateur d'ordre, un directeur de conscience admirable, un écrivain abondant et souvent heureux ; et, en plus, il reste, auprès de son ami, une très remarquable personnalité politique. Il consacra la première partie de sa vie à la réalisai ion d'une entreprise qui n'aboutit pas et qui ne pouvait pas aboutir, une croisade nouvelle contre le Turc. Mais, la seconde partie, il la dévoua à l'exécution des desseins du grand ministre qu'il avait su reconnaître, avant tout le monde, et auquel il resta, seul peut-être, fidèle jusqu'à la fin. Il fut, pour Richelieu, un appui sans pareil et un instrument unique, — puissant et souple. On dit que Fancan écrivit sous l'inspiration du prélat : et le Père Joseph ? Les archives sont pleines des documents où sa plume ferme et prompte donne le tour h la pensée de l'ami.

A partir de l'époque où ses conseils millions ramenaient l'évêque de l'exil d'Avignon pour traiter de la paix à Angoulême, il ne le quitte plus, et les rapports de ces deux hommes froids sont empreints, dès lors, d'une calme et joyeuse cordialité. Richelieu lui donnait, en riant, le sobriquet d' « Ezechieli, » probablement à cause de ses airs de prophète. Sur le même ton plaisant, il l'appelait encore *tenebroso-cavernoso.* » Le capucin était, en effet, terriblement sérieux avec tout le monde. Mais, auprès de l'évêque, son cadet, il se déridait, et son âme attentive se penchait sur cette jeune et élégante destinée, comme sur celle d'un enfant cher : « Tenez pour vrai, écrivait-il aux capucins, que le bon personnage duquel vous me parlez et auquel je fis ouverture de l'affaire de Dieu (la croisade contre les Turcs) est *in visceribus meis ad convivendum et ad moriendum.* Faites près de lui (de Dieu) qu'il croisse chaque jour en la sainte résolution d'employer pour lui les talents considérables qu'il lui a donnés… J'ai vu cet aiglon pendu à l'ongle et approcher des rayons du soleil sans cligner les yeux. » On voit bien, dans ces paroles si rares, que ce qui séduit le Père Joseph, c'est la beauté extraordinaire de cette intelligence, de ce caractère hardi, de cette organisation puissante, ailée et forte, où il reconnaissait une des œuvres les plus parfaites du Créateur. Le bon Père se croyait tenu, en conscience, d'admirer et d'aimer.

Dans son dévouement à la personne de Richelieu, le Père Joseph mettait l'abandon, le renoncement, l'esprit de sacrifice habituels aux fortes passions. Sa propre intelligence et sa propre volonté, si belles pourtant, se perdaient, en quelque sorte, dans l'intelligence et dans la volonté de son ami. On était étonné de voir, chez un homme d'un tel mérite, une telle abnégation. Rome, habituée au dévouement aveugle des religieux, ne cachait pas sa surprise : « Ce capucin, écrira bientôt le cardinal Spada, est peut-être un homme de bien ; c'est certainement un négociateur habile ; mais sa façon de négocier est pleine de réticences et de faux-fuyants. Il ne fait qu'un avec Richelieu ; mais si, dans cette union intime, l'amitié est égale des deux côtés, l'influence ne l'est pas, le religieux subissant celle du cardinal plutôt qu'il n'essaye de la soumettre à la sienne. »

Cette appréciation portée sur le rôle et la personnalité du Père Joseph laisse, comme on le voit, subsister quelque doute sur certains côtés obscurs du caractère de l'homme. Les ennemis du Père se sont expliqués plus durement : Mathieu de Morgues, qui est un adversaire acharné, fait de lui ce portrait sanglant : « C'est le bon Père qui crève d'ambition dans un sac de pénitence ; qui veut tirer à soi les plus grandes dignités de l'Eglise avec une grosse corde et qui a caché, sous un rude capuchon, le désir d'avoir un bonnet d'écarlate. C'est un homme qui a voulu fonder autrefois, sur une révélation feinte, une chevalerie qui ne dura que six mois, et qui devait prendre le Grand Turc dans un an : c'est un esprit petit, inquiet, qui parle beaucoup et ne dit rien de bon. »

Voilà qui nous rapproche davantage du Père Joseph de la légende. Méconnaissons que la vie du Père Joseph, trop souvent contradictoire, fuyante, insaisissable, autorise parfois un si noir crayon. Il ne faut tomber dans aucun excès, ni vouloir faire de lui un trop grand homme, ni un trop saint homme. Ce fut une âme très chaude, une imagination très puissante, une intelligence très déliée ; ce fut surtout un incomparable ami. Mais son amitié et sa conscience protesteraient, si l'on exagérait son rôle auprès du grand ministre qu'il avait accepté pour chef et qu'il servit, comme il le dit lui-même, « à la vie, à la mort. »

Dans la période qui précède l'arrivée de l'évêque de Luçon au cardinalat et, pour la seconde fois, au ministère, le Père Joseph représentait, auprès de lui, le parti catholique. Il était comme la contre-partie de Fancan. Celui-ci lui accordait parfois, du bout des lèvres, le nom de « capucin bon françois. » Ils s'employaient ensemble, selon les vues de l'évêque, soit à la polémique contre Luynes, soit aux affaires d'Allemagne, et notamment à certaines intrigues du côté de la Bavière où d'autres capucins étaient mêlés. Mais il n'y avait, probablement, dès lors, entre eux, aucune sympathie. Cette froideur réciproque devait se transformer, un jour, en une hostilité déclarée.

Le Père Joseph n'aimait pas ce chanoine si hardiment huguenot et ce « bon François » si dévoué aux intérêts de l'étranger. Sa perspicacité et ses soupçons étaient en éveil. Il comprenait que Richelieu ne pouvait que perdre en compromettant sa dignité d'évêque catholique dans ces relations et ces intrigues louches. Si son ami se fut laissé entraîner par les astucieux conseils du Machiavel obscur, il l'eût retenu, assurément, d'une main vigoureuse, avec cette brutalité familière permise à l'ami et au capucin.

Mais, de cela, il n'était nul besoin : malgré l'opposition de l'évêque à la politique de Luynes, malgré les indices qui révélaient sa participation à la guerre de libelles, malgré le ton assuré de Fancan et de ses amis, aucun doute n'était émis au sujet des sentiments scrupuleusement corrects de Richelieu. Les catholiques le considéraient, unanimement, comme un de ces prélats illustres appelés, par leurs vertus, leurs mérites et une désignation quasi providentielle, à prendre, dans les Conseils du roi de France, la place qu'avaient occupée, dans les siècles passés, tant de lumières de l'Eglise. Rome même, toujours si bien renseignée, n'avait aucun doute. Au moment même où la lutte était la plus acharnée entre les deux partis, en dépit de l'animosité des ministres et malgré les mauvaises dispositions de Bentivoglio, le Pape recommandait au nouveau nonce, Corsini, partant pour Paris, de se confier surtout au cardinal de La Rochefoucauld, « et à l'évêque de Luçon. »

IV. — LES IDÉES DE RICHELIEU

L'année 1621 est climatérique dans l'histoire de l'Europe ; elle est décisive dans la vie de Richelieu. L'importance des événements qui se déroulent, la grandeur extraordinaire des problèmes qui se posent, la vivacité des passions qui se heurtent, tout l'excite ; il est en pleine force et le cortège des amis et des admirateurs lui crie, de partout, que son heure approche. Il arrête ses résolutions, ses desseins et ses projets, car son clair esprit ne peut supporter, surtout en lui-même, la moindre obscurité.

Il est gentilhomme ; il est soldat ; il est prêtre ; un cœur français bat en lui. Les siens ont toujours servi la cause royale. Sa jeunesse avait connu les misérables temps de la Ligue et sa brillante adolescence avait vu les dernières et heureuses années du règne de Henri IV. Ses mérites éclatants avaient attiré l'attention de ses collègues, puis celle des grandes assemblées, enfin la faveur de la Reine : il était entré, une première fois, au ministère. Il avait pu croire, un instant, que, dans la vie, le mérite saisit et arrête le succès. Une terrible catastrophe l'avait ramené à une plus juste appréciation des réalités. Le comble de la fortune s'était abîmé devant ses yeux, pour lui servir de leçon. Il devait garder, de cette heure, le souvenir et, un peu, le tremblement.

Il n'avait fait que passer au ministère ; mais il y était resté assez longtemps pour connaître l'aspect qu'ont les hommes et les affaires, quand on les voit de haut. Désormais, quoi qu'il advînt, il devait rester ministre et responsable pour la vie. Ces sortes de natures trouvent, dans l'investiture du pouvoir, une désignation qui les consacre à jamais. Il se devait donc au pays, à la France. Ce sont là de ces vocations exigeantes qui ne laissent plus de place à aucun autre engagement humain. Entre de tels hommes et les généra lions qui les voient paraître, il y a contrat tacite. Celles-ci savent qu'elles peuvent disposer, sans réserve et sans scrupules, de ces serviteurs que la destinée leur envoie même si elles les frappent injustement, elles savent qu'elles les retrouveront toujours. Ils s'inclinent devant la volonté du maître, c'est-à-dire du pays. On dit ces natures ambitieuses : leur ambition est de servir.

A cette époque, il n'y avait qu'une façon de servir la France : servir le Roi. Louis XIII, faible, timide, bègue, presque impuissant, avait montré, cependant, dans l'affaire du maréchal d'Ancre, qu'il était le Roi. Ce jeune homme dissimulé était, par lui-même, de ceux qui ont le dernier mot. D'ailleurs, les qualités ou les défauts personnels du prince s'absorbent, en quelque sorte, dans sa dignité. Les grandes situations et les grandes responsabilités soutiennent les esprits médiocres ; et, quoique Louis XIII fût d'une intelligence assez courte, il avait le cœur royal : haut, ferme et froid.

Donc, pour être et pour agir, il fallait se tenir au plus près de la personne du prince. Le Roi représentait, dans son royaume, l'unité, l'autorité, l'avenir ; il était le seul pouvoir permanent et obéi. Il n'existait d'ordre que par lui. D'où il suit qu'il n'y avait pas d'autre façon d'être quelqu'un, pas d'autre façon d'être utile, pas d'autre façon de se consacrer à la France que d'être royaliste. Et royaliste à fond, sans réticence ; royaliste de foi, d'âme, royaliste passionné : la passion royaliste était la passion patriotique.

La nation n'était unie en dedans, forte au dehors que si le Roi était absolu. On l'avait bien vu au temps de la Ligue ; la désobéissance au pouvoir était le commencement de tous les maux. Obéir, c'était le rôle et l'honneur de la nation tout entière et de chacun des sujets.

Un homme qui avait été ministre, et qui espérait le redevenir bientôt, n'avait, d'ailleurs, qu'à se féliciter du respect extraordinaire dont l'autorité royale était entourée. Car, disposant de cette autorité, il avait en mains une puissance sans pareille pour l'exécution de ses desseins.

Le pivot d'une vie politique étant la confiance du Roi, le premier art de la politique était l'art de la faveur. Epernon sous Henri III, Sully sous Henri IV, Concini sous la Reine-régente, Luynes depuis quelques années, tels étaient les exemples les plus récents livrés aux méditations des courtisans. Or, ces hommes avaient dû la faveur dont ils avaient joui à leurs défauts plus encore peut-être qu'à leurs qualités : d'Epernon à son insolence, Sully à son humeur, Concini à son audace, Luynes à sa douceur hypocrite. Tant cet art est difficile !

Cependant, Richelieu, au moment où il se sentait le plus éloigné de la faveur de Roi, avait, en lui, une sorte de fierté qui le poussait à ne vouloir la conquérir que par ses mérites réels et par l'évidence de sa supériorité. Chemin dangereux ; entreprise téméraire, mais qui, si elle réussissait, pouvait fixer la faveur pour toute une vie.

Donc, l'évêque était dans la nécessité d'avoir toujours raison. Il fallait qu'il eût raison si fortement que l'attention d'un homme aussi ordinaire que Louis XIII fût frappée. En outre, il devait avoir toujours raison dans le sens royal. L'intérêt royal devait être la ligne de conduite unique et imperturbable du ministre. Il fallait qu'il fût la raison d'Etat incarnée pour devenir l'homme de l'Etat, et ainsi, bon gré mal gré, l'homme du Roi.

Ainsi ses idées se précisaient, et il dégageait, de l'ensemble des circonstances où il vivait et des complexités de cette année 1621, les trois grands desseins dont la réalisation devait occuper son ministère : réduire les Grands, détruire la puissance politique des Huguenots, abattre la Maison d'Espagne. Laissons-le parler lui-même : « Lorsque Votre Majesté se résolut de me donner, en même temps, et l'entrée de ses Conseils et grande part en sa confiance…, je lui promis d'employer toute mon industrie et toute l'autorité qu'il lui plaisait me donner pour ruiner le parti huguenot, rabaisser l'orgueil des Grands et relever son nom dans les puissances étrangères au point où il devait être… » Il comprenait donc, dès lors, avec une lucidité merveilleuse, que cette triple tâche était l'œuvre royale par excellence.

Les Grands étaient les adversaires permanents de l'autorité monarchique. L'évêque les avait vus de près. Il avait travaillé avec eux dans cette entreprise générale de rébellion qui avait abouti à, la rencontre des Ponts-de-Cé. Il les connaissait donc. Il savait leur égoïsme imprévoyant, leurs divisions atroces, leur turbulence avare. Il savait que, parmi eux, il en était bien peu qui eussent au cœur le souci du bien public. Survivants d'une aristocratie qui avait autrefois soutenu l'édifice compliqué du régime féodal, ils ne songeaient plus qu'à sauver les débris d'une autorité inutile et épuisée. Ils combattaient sans chef, sans programme et sans espoir ; leur agitation n'était qu'une vaine turbulence. Toujours prêts à se conjurer, mais toujours disposés à se vendre individuellement, ils formaient à peine un parti. Cette étrange aristocratie n'était même plus libérale. Les grandes familles du siècle précédent, les Condé, les Guise, les Châtillon étaient prêts pour la servitude ; seulement ils voulaient la servitude dorée. Pour les tenir, on prodiguerait l'or ; mais, si quelque ambition attardée ou quelque vertu farouche ou trop exigeante se montrait intraitable, on saurait, comme Tarquin, raccourcir les têtes pour assurer la tranquillité publique. Richelieu, au lendemain de la déroute des Ponts-de-Cé, avait déjà calculé, nous l'avons vu, ce que cette rébellion, à laquelle il avait participé, eut pesé devant la menace du bourreau. Grand niveleur, et précurseur de l'œuvre démocratique, il abolirait ces « pouvoirs intermédiaires, » qui obstruaient, de leur encombrante et dangereuse inutilité, les relations entre le Roi et les peuples.

Avec les protestants, le problème était singulièrement plus compliqué. Certes, il ne pouvait être question de leur laisser la paisible jouissance des avantages politiques que la gratitude de Henri IV et la lassitude du pays leur avaient accordés temporairement, à la fin des guerres de religion. Ils se réclamaient sans cesse de l'Edit de Nantes : mais l'Edit de Nantes n'était qu'une trêve, un engagement à temps, renouvelable et modifiable à chaque échéance.

La France ne pouvait être forte, tant qu'elle renfermerait dans son sein un corps organisé, en pleine paix, sur le pied de guerre, avec chefs indépendants, cadres militaires, places fortes, budget et justice à part, armée toujours prête à prendre la campagne. On ne pouvait tolérer l'existence d'un Etat dans l'État. On ne pouvait admettre que ces Français nombreux et ardents eussent toujours la menace à la bouche et la rébellion dans le cœur ; et l'on pouvait tolérer encore moins leur perpétuel et insolent recours à l'étranger. Un Etat ne peut subsister, s'il est ainsi divisé contre lui-même. Pour assurer l'unité du royaume, pour ramasser toutes les forces nationales, en vue des luttes extérieures qui se préparaient, il fallait donc ruiner ce grand corps des huguenots de France ou l'amener à composition.

Mais une double et grave difficulté apparaissait. Si le péril de l'existence d'un tel parti était évident, une guerre qui paraîtrait avoir la religion pour prétexte serait toujours odieuse. On ne force pas les consciences ; Richelieu le savait, et, sur ce point, son opinion était arrêtée. Il se rattachait à l'école de ceux que les guerres du XVIe siècle avaient instruits, à l'école de Bodin, de Montaigne, de Charron, et, pour faire court, de Henri IV. Il savait que les guerres, d'anéantissement sont sans issue, et surtout quand il s'agit de guerres intestines. Mais comment dissiper l'habile confusion que la cause protestante avait intérêt à entretenir entre la politique et la religion ? C'était là une première difficulté : il y en avait une autre.

Ce parti, composé, en somme, de Français énergiques, vigoureux, intelligents, était un précieux appoint pour la royauté, si elle se décidait à faire la guerre à la Maison d'Espagne. Toutes les relations du parti au dehors étaient avec les ennemis de cette monarchie. Par eux, on s'assurait le concours des puissances protestantes, l'Angleterre, la Hollande, les princes allemands, et même Venise et la Savoie. Si on les attaquait, au contraire, ce groupe naturel des alliances françaises, — des alliances de Henri IV, — se retournait contre nous.

De telle sorte que la deuxième partie du fameux programme : *ruiner le parti protestant* était en contradiction formelle, avec la troisième : *abattre la Maison d'Espagne*. Or, cette dernière entreprise était certainement celle à laquelle Richelieu comptait consacrer toutes les forces de sa vie et toute l'activité de son génie.

L'idée de la lutte contre la Maison d'Espagne était si répandue en France qu'un homme d'État n'avait, pour en concevoir le dessein, qu'à se laisser porter par une certaine partie de l'opinion. Mais comment se dissimuler les obstacles presque insurmontables que rencontrerait sa réalisation ? Pour les contemporains, la Maison d'Espagne était à l'apogée de sa force. Il fallait une perspicacité extrême pour deviner son prochain et rapide déclin. Elle disposait des richesses du monde. Les deux branches de la dynastie, tant celle qui dominait la péninsule ibérique que celle qui régnait sur l'Allemagne, étreignaient la France. On savait ce que valaient les vieilles bandes des Farnèse et des Spinola : elles connaissaient le chemin de Paris. Les rois d'Espagne nous avaient chassés de l'Italie. Ils s'étaient maintenus dans les Flandres ; la bataille de la Montagne Blanche venait de rendre à la branche autrichienne, avec l'Empire, ses Etats électifs et héréditaires d'Allemagne. Par l'avènement de Ferdinand et par l'unité de la campagne de restauration catholique, l'empire de Charles-Quint était, en quelque sorte, reconstitué. Qui oserait s'attaquer à un tel adversaire ?

La France ne trouvait même plus, en Europe, les concours qu'Henri IV s'était assurés. L'Angleterre de Jacques Ier n'était plus celle d'Elisabeth ; la Hollande, ayant clos la période héroïque de son histoire, était en proie aux plus graves discordes intestines ; les princes protestants d'Allemagne étaient divisés et leurs divisions avaient préparé leur ruine.

Aussi, on ne contestait guère la sagesse des vieux ministres de la Régente, qui, prenant le contre-pied de la politique de Henri IV, s'étaient rapprochés de l'Espagne. Le mariage de Louis XIII avec Anne d'Autriche avait scellé cette politique prudente et avait assuré à la France une longue période de paix dont tout le monde se félicitait.

Les peuples n'aiment pas la guerre ; la politique générale et les vues lointaines les laissent indifférents. Leur résignation, — ou leur ignorance, — attend l'avenir, la tête penchée vers la terre. Ouvrir, de nouveau, la période des hostilités, des hasards, des dépenses, des sacrifices, peut-être des défaites et des invasions, pour des craintes ou des visées incertaines et apparemment chimériques, c'était braver l'opinion des gens sages. Il fallait être bien sûr de ses propres idées, bien sûr du succès, bien sûr de la volonté royale, pour concevoir, même de loin, une entreprise si complexe et si hasardeuse.

El quel *tolle* dans toute la chrétienté ! Les Turcs menaçaient toujours l'Europe. L'Allemagne luttait contre toutes les forces hérétiques ; et c'est ce moment que l'on choisirait pour prendre à revers la grande puissance catholique ! Trahison, impiété, lèse-chrétienté, violation de toutes les lois divines et humaines ! On mettait le Pape, et Dieu, contre la France !

En France même, quelle plainte, quelle désolation chez les meilleurs ! Ce peuple était catholique, et, tout récemment, ligueur. Que sa bourgeoisie fût sceptique et frondeuse, cela n'entamait pas les sentiments des masses. La Cour, comme le Roi lui-même, était non seulement catholique, mais dévote. A quoi bon les vœux à la Vierge et les pèlerinages à Notre-Dame-des-Ardilliers, si c'était pour aboutir à une telle catastrophe ? Les peuples aiment la paix ; les dévots veulent la paix catholique ; ceux qui s'appellent les « bons François » ne sont qu'une minorité bruyante. Comment susciter de pareilles complications, quand le pays ne dispose ni d'une armée, ni d'une flotte, ni de généraux expérimentés, ni de ressources pécuniaires, et quand on est, soi-même, un évêque en passe de la pourpre ?

Les seuls sur qui on puisse s'appuyer, les seuls qu'une pareille politique comblerait de joie, ce seraient précisément les hommes et les partis qui, de près ou de loin, se rattachaient à la cause protestante. Mais là, précisément, on retrouvait la grave et décisive objection qui se présentait, dès l'abord, à l'esprit. Ces deux politiques, celle de la lutte contre les protestants et celle de la guerre contre la Maison d'Espagne étaient contradictoires. Si on voulait réduire La Rochelle, il fallait s'arranger avec Madrid ; si on voulait combattre l'Autriche et l'Espagne, il fallait, au dedans et au dehors, s'allier et se confier aux protestants. C'était un dilemme.

Luynes l'avait bien compris. Contraint de choisir, il avait choisi. Il avait adopté l'une des deux politiques avec toutes ses conséquences, et, en somme, la décision prise par lui était conforme aux traditions nationales qui voulaient, avant tout, l'unité intérieure, conforme aux instincts religieux de la grande majorité du pays, et conforme, enfin, à l'idéal suprême de la royauté capétienne, descendante de saint Louis, fille aînée de l'Eglise et soldat du Christ !

C'est parmi ces difficultés et ces opinions diverses que Richelieu cherchait sa voie, ou, pour être plus exact, qu'il s'affermissait en son dessein. Aucune objection ne lui échappait. Mais son esprit pénétrant apercevait des conciliations intimes entre les thèses contraires en apparence : il démêlait les nécessités premières, leur subordonnait les autres, ordonnait, d'avance, dans sa pensée, les exécutions et les succès ; il classait, sériait, combinait, et passait tant d'idées diverses au crible du bon sens et de la réflexion.

Il se disait, tout d'abord, que la pire des solutions, c'était l'inaction. Si l'on ne va pas au-devant des événements, ils marchent sur vous et vous surprennent. Or, au point où en étaient les choses, en France et en Europe, 1ère des tergiversations était close. Luynes même avait dû prendre parti. Tout autre, à sa place, eût dû se prononcer.

La France ne pouvait se désintéresser du grand conflit qui divisait l'Europe. S'il se terminait sans elle, il se résoudrait contre elle. Les coalitions la menacent toujours. Sa situation est telle qu'elle ne peut rester indéfiniment dans l'abstention. Mais, d'autre part, cette même situation lui impose une autre règle de conduite : elle ne doit s'attacher absolument à aucun système général de politique européenne, parce qu'un succès ou un revers absolu lui serait également funeste. De toutes les puissances européennes, elle est la mieux située et la plus exposée. Il faut donc quelle sache, à la fois, se donner et se retenir, se livrer et se réserver. La politique d'équilibre est, essentiellement, la politique française.

Ce sont ces principes qui guident Richelieu. La France n'est pas le champion de la cause catholique ; elle n'est pas le champion de la cause protestante. Pourquoi assumerait-elle l'un ou l'autre rôle ? La sagesse d'un homme d'Etat doit consister à saisir, dans l'un ou l'autre système, tout ce qui peut servir à ses vues et à ses intérêts.

La lutte contre la Maison d'Espagne, qui est sa pensée dominante, prouvera qu'il n'entend nullement faire, par sa politique ou par ses armes, œuvre de religion ; la lutte contre les protestants à l'intérieur fournirait, au besoin, la même preuve en sens contraire. Si on l'accuse de favoriser les protestants, il prendra La Rochelle ; si on l'accuse de persécuter les hérétiques, il se proclamera l'allié du Palatin, des Pays-Bas et de la Suède. D'ailleurs, il ne s'agit pas de répondre à de vaines objections. Pour cette besogne, on trouvera toujours des plumes dévouées ; il s'agit des destinées du pays.

Dans la passe redoutable où la France est engagée, elle a besoin de toutes ses forces et de toute sa prudence pour parer à un double danger. Avant tout, la crise extérieure, la frontière, la Valteline, l'Allemagne. La France ne peut pas laisser les Espagnols achever, à ses dépens, l'entreprise de la domination universelle : elle a donc besoin des protestants et elle devra ménager leur concours. Mais les protestants peuvent troubler la paix intérieure : on tachera de les gagner ; mais, s'il est nécessaire, on n'hésitera pas à les attaquer, en s'appuyant, au besoin, sur les catholiques. C'est cette politique, cette politique française, cette politique royale, que Richelieu fait sienne, alors qu'il est encore dans l'opposition. Il attellera à son char les passions de tous pour faire, par leur ardeur même, le bien de tous. La religion, — catholique ou protestante, — devient, pour lui, à la fois fouet et frein. Il conduira tout le monde, d'une main ferme, selon ses propres expressions, « au but qu'il s'est proposé pour le bien de l'État. »

Il jouera donc, à la fois, les deux jeux, se tiendra à égale distance des deux thèses, n'inclinera vers lune ou vers l'autre que selon la nécessité pressante des circonstances ou le besoin urgent de l'action. Sa vertu suprême est la mesure. La politique française sera faite de souplesse, de finesse, de pondération : sa force sera dans sa précision. Il attendra, louvoiera, hâtant ou retardant la marche selon le temps, le vent ou les étoiles ; il aura pour mission, — affreuse existence, — de longer les précipices, de soutenir les orages, de remonter les courants. Pour employer une autre de ses expressions, il devra « comme les rameurs, aller au but en lui tournant le dos. » Le phare qu'il suit, c'est l'intérêt de la France : il ne voit rien autre chose, et, en bon pilote, il sait où il va, tandis que l'équipage s'irrite et se plaint dans la nuit.

Le double reproche que cette savante audace suscitera, il le brave. Il sait qu'il aura contre lui les violents des deux partis et que ce sera un cri universel. Mais il tiendra droit le timon ; car la contradiction apparente se résout, pour lui, dans la résolution arrêtée, par lui, de ne verser dans aucun excès. Les protestants vaincus seront de meilleurs Français, et on les traitera comme tels. L'Espagne abattue, la cause catholique reprendra en Europe une vigueur nouvelle. L'Allemagne du Nord contiendra l'Allemagne du Sud ; mais elle sera contenue elle-même par l'appui donné aux populations catholiques du Centre. La France combattra une entreprise de domination universelle, mais sans concevoir, à son tour, de si folles ambitions. Elle gagnera ses frontières naturelles sans les dépasser. Elle s'attachera, par une conquête d'affection, les provinces nécessaires qui se fondront volontairement dans son unité ; et, si la fortune dont un tel homme est digne lui vient en aide, si la faveur royale ne l'abandonne pas, il pourra laisser au monde, avec la paix, un exemple parfait d'effort contenu et de victorieuse modération.

Mais, pour atteindre ce but à peine entrevu, que d'obstacles, que de contrariétés, que de périls ! L'homme qui ose concevoir de tels desseins aura, contre lui la médiocrité générale des hommes, qui ne voient pas ce qu'il voit, parce que la passion les aveugle ou parce qu'ils ont la vue courte, la difficulté des réalisations, toujours si lentes quand les conceptions sont si promptes, l'incertitude de la faveur, que les services rendus ébranlent tout autant que l'intrigue. Cette montagne d'obstacles, qui ferme son horizon, il la mesure du regard. Mais il n'hésite pas ; son cœur résolu n'a jamais tremblé. Et, plus haut que son cœur, son intelligence plane et domine. Elle a tout calculé, tout pesé. Elle *voit* le succès au bout de la route obscure où elle s'engage ; car cet esprit puissant éclaire au loin l'avenir devant lui et cet étonnant génie a cette portée sans pareille « d'avoir eu les intentions de tout ce qu'il fit. »

ISBN : 978-1724811592

www.ingramcontent.com/pod-product-compliance
Lightning Source LLC
Chambersburg PA
CBHW070225260726
48658CB00006BA/2170